# fragmenta
# Pīsōnis

## Vol. I

Latin Poetry from the Pisoverse
by Lance Piantaggini

Poētulus Publishing
magisterp.com

# Index Capitulōrum
# (et Cētera)

# Praefātiō

It's been just over a year since the publication of *Pīsō Ille Poētulus*, the first Latin novella written with sheltered (i.e. limited) vocabulary focusing on understandable poetry for the novice. *fragmenta Pīsōnis* is a collection of over twice as many lines of poetry (50!), all inspired by scenes and characters found in the Pisoverse (i.e. *Rūfus lutulentus, Rūfus et arma ātra, Agrippīna: māter fortis*, and the forthcoming *Drūsilla*).

This collection of poetry written from Piso's point of view begins with an introduction to the rhythms of Latin poetry, and a look into Piso's own composition process. This is particularly useful if reading *fragmenta Pīsōnis* prior to reading the novella, *Pīsō Ille Poētulus.*

While the 22 lines of poetry in *Pīsō Ille Poētulus* took several months to complete, the 50 lines in *fragmenta Pīsōnis* were written within weeks. This, no doubt, was due to the expanding vocabulary and flexibility of topics from subsequent novellas in the Pisoverse. Furthermore, *Pīsō Ille Poētulus* was restricted to dactylic hexameter, the meter of Virgil, yet *fragmenta Pīsōnis* includes hendecasyllables and scazon (i.e. "limping iambics"), the meters of Martial and Catullus. This choice in meter reflects the beginning of Piso's adolescence, ushering a newfound interest in reading the more mature content of Martial and Catullus. Besides, they are among the more rhythmically interesting meters used by the Romans, which students might find more compelling than dactylic hexameter.

The format of the collection features a prose description of what inspired Piso's poetry prior to each verse itself. This provides context and exposure to the words found in each verse, adding to its comprehensibility. Despite the lack of a single continuous plot, students should find *fragmenta Pīsōnis* more readable than the *Pīsō Ille Poētulus* novella, especially with any background knowledge from reading the other, much easier novellas in the Pisoverse. Therefore, *fragmenta Pīsōnis* can be used as a transition to the *Pīsō Ille Poētulus* novella, or as additional reading for students already comfortable with poetry having read the novella.

The 96 unique words (excluding different forms of the same word, names, and meaning established within the text) in *fragmenta Pīsōnis* are limited to those found throughout the Pisoverse novellas, including the forthcoming *Drūsilla*, with the exception of a single additional word, *fragmentum*.

The *Index Verbōrum* is rather comprehensive with an English equivalent and example phrases from the text found under each vocabulary word. Meaning is established for every single word form in this novella.

You will find notes on recitation in the *Dē Versibus* appendix, as well as resources to improve your own *Rhythmic Fluency* on my blog (magisterp.com). If accompanying audio files are made available for purchase separately, like the *Pīsō Ille Poētulus* Poetry Album currently available on iTunes and Amazon, I highly recommend using them.

Lauren Aczon's illustrations from throughout the Pisoverse are featured again, providing significant comprehension support for the novice. See more of Lauren's artwork on Instagram @leaczon, and/or on her blog, (www.quickeningforce.blogspot.com).

**Magister P**[iantaggini]
November 29th, 2017

# fragmenta mea

sum Pīsō. sum "Pīsō Ille Poētulus."

puer Rōmānus sum. eram puer parvus, sed iam parvus nōn sum.

eram poētulus malus. iam, autem, sum poētulus bonus. nōn sum poētulus ineptus!

scrībō multōs versūs bonōs. versūs meī nōn sunt optimī, sed multī versūs bonī sunt. scrībō versūs cotīdiē.

cotīdiē scrībō et scrībō et scrībō.

Ubi versūs scrībō? scrībō domī. scrībō in Forō Rōmānō. scrībō in Palātiō. scrībō versūs ubīque Rōmae.

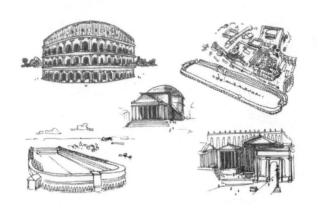

scrībō ubīque, sed nōn scrībō in Cloācā Maximā. fūfae! Cloāca Maxima est sordida. multum lutum[1] et odōrēs horribilēs sub Rōmā sunt in Cloācā Maximā.

Rūfus, frāter meus, lutum amat. Rūfus lutulārī amat![2] ergō, scrībō et canō dē Rūfō lutulentō[3] cotīdiē.

---

[1] **lutum** *mud*
[2] **lutulārī amat** *loves to be covered in mud*
[3] **dē Rūfō lutulentō** *about muddy Rufus*

ecce, fragmenta[4] mea!

fragmentum est versus imperfectus.[5] aliī versūs meī perfectī, aliī versūs meī imperfectī sunt.

fragmentum quoque est versus quī nōn est in carmine. scrībō multōs versūs quī nōn sunt in carminibus.

aliī versūs dē frātre, Rūfō...

...aliī versūs dē mātre, Agrippīnā, sunt.

scrībō fragmenta. scrībō carmina parva[6] quoque.

---

[4] **fragmenta** *fragments*
[5] **imperfectum** *imperfect, incomplete*
[6] **carmina parva** *short poems*

scrībō dē urbe, Rōmā. scrībō dē Rōmānīs. scrībō dē omnibus rēbus[7] Rōmae.

ecce, fragmentum meum dē Rūfō:

### "frāter"

versus ille imperfectus est. versus est fragmentum. rē vērā,[8] versus ille est fragmentulum! est imperfectissimus!

*Pīsō rīdet!*

iam, volō versum perfectum. volō syllabam longam. volō syllabam longam ad versum scrībendum[9] sīcut Vergilius ipse scrīpsit.

---

[7] **dē omnibus rēbus** *about all things*
[8] **rē vērā** *really, in reality*
[9] **ad versum scrībendum** *in order to write a line of poetry*

volō syllabam longam dē frātre. *Rūfus* est frāter. ***Rū*** est syllaba longa. ergō, canam:

## "frāter Rūfus"

volō scrībere versum perfectum sīcut poēta optimus, Vergilius. amō poētam Vergilium! iam, volō syllabam, sed syllabam nōn longam. nōlō[10] syllabam longam. versus est dē Rūfō. Rūfus est domī. ergō, Rūfus *adest*. syllaba *a* nōn est longa. ergō, scrībam et canam:

## "frāter Rūfus adest"

versus ille iam est[11] imperfectus, sed nōn est imperfectissimus. volō scrībere syllabās ad versum scrībendum sīcut Vergilius. versus meus est dē Rūfō. *is* iam est domī.

---

[10] **nōlō** *I don't want*
[11] **iam est** *is still*

Rūfus *adest* domī. ergō, canam:

**"frāter Rūfus adest,
is adest is adest is adest ____"**

*Pīsō rīdet!*

versus ille malus est! versus quoque nōn habet syllabam longam. iam est fragmentum. volō scrībere versum bonum et perfectum dē Rūfō. Rūfus lutulārī amat. is *lutulentus* erat hodiē Rōmae, *et iam* est domī. Rūfus semper *adest*! ergō, scrībam et canam:

**"frāter Rūfus adest,
lutulentus adest et adest iam"**

versus est perfectus! scrīpsī versum sīcut Vergilius. versus iam est fragmentum quia in carmine nōn est, sed laetus sum. scrībō multa fragmenta!

sum poētulus quī cotīdiē scrībit et canit!

vīsne canere mēcum?[12]

ecce, fragmenta et carmina mea!

cane mēcum!

---

[12] **mēcum** *with me*

# I
# dē Rūfō lutulentō

## *lutulentus ubīque*

hodiē diēs Sōlis est. volēbam scrībere dē patre, Tiberiō, sed is in Britanniā iam pugnat. pater nōn est Rōmae. ergō, tristis sum, sed tristē scrībere nōlō. volō laetē scrībere. ergō, hodiē, volō dē Rūfō scrībere.

Rūfus frāter meus est. eī placet lutum. is lutulārī cotīdiē vult.

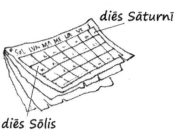

*diēs Sāturnī*

*diēs Sōlis*

herī erat diēs Sāturnī. herī, Rūfus erat lutulentus ubīque Rōmae. lutum, autem, male olet. ergō, Rūfus quoque male olēbat!

Rūfus olēre nōn volēbat, sed is rē vērā olēbat! cum Rūfus lutulentus sit,[1] male olet!

## "Rūfus erat lutulentus et is, male olēbat ubīque"

### nefās est!

hodiē, Rūfus vult lutulārī. is lutulārī vult quia est lutulentus omnibus diēbus
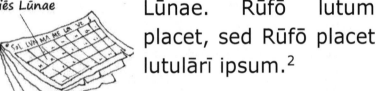
diēs Lūnae
Lūnae. Rūfō lutum placet, sed Rūfō placet lutulārī ipsum.[2]

## "Rūfus vult lutulārī hodiē, quia eī placet ipsum"

māter est domī. ēheu! Līvia quoque adest!

---

[1] **cum Rūfus lutulentus sit** *whenever Rufus is muddy*
[2] **lutulārī ipsum** *to be covered in mud itself*

Rūfus vult lutulārī hodiē, sed Līvia, māter Rōmāna, adest. malum est lutulentum esse, sed nefās est[3] lutulārī cōram mātribus[4] Rōmānīs!

**"ecce domī est māter Rōmāna et, Līvia adest iam"**

**"esse nefās lutulentum cōram, mātribus, ēheu!"**

māter nōn vult Rūfum esse lutulentum domī quia Līvia adest. Rūfus lutulentus cōram Līviā—sit rīdiculum! ergō, Rūfus iam vult lutulārī in...in...in Templō Panthēō!? nefās!

**"Rūfus vult lutulārī in Templō, autem ecce, nefās est!"**

---

[3] **nefās est** *it's unspeakable*
[4] **cōram mātribus** *in front of mothers*

## *lutulārī nōlō*

Rūfus semper lutulentus est. eī placet lutum. is amat lutulārī cotīdiē. ego, autem, lutulārī nōlō. volō ad Forum īre ad versūs scrībendōs.[5] iam, Rūfus adest domī in culīnā. Rūfus vult omnēs esse[6] lutulentōs. ego, autem, lutulentus esse nōlō.

### "ēheu, Rūfus adest, is amat lutulārī; ego nōlō!"

herī, ad thermās īvī.[7] mihi placet īre ad thermās cotīdiē. Rūfō, autem, est puer sordidus. eī nōn placet ad thermās īre. rē vērā, Rūfus sordidissimus puer est! multī Rōmānī ad thermās eunt.

---

[5] **ad versūs scrībendōs** *in order to write poetry*
[6] **vult omnēs esse** *wants everyone to be*
[7] **ad thermās īvī** *I went to the baths*

hīc Rōmae, multī Rōmānī adsunt in thermīs cotīdiē. Rōmānī, quī ad thermās cotīdiē eunt, bene olent. Rūfus nōn bene olet.

*Pīsō rīdet!*

## "Rōmānī bene olent, quī ad thermās semper eunt hīc"

scrībō versūs meōs sīcut Vergilius, poēta optimus! puer parvus,[8] versūs Martiālis et Catullī mihi nōn placēbant. iam, autem, putō versūs nōn esse[9] malōs. rē vērā, iam versūs Martiālis et Catullī mihi placent!

versūs Martiālis et Catullī bonī sunt! cum canem carmina[10] Martiālis et Catullī, semper rīdeō! Rūfō, autem, versūs nōn placent.

---

[8] **puer parvus** *as a small boy*
[9] **putō versūs nōn esse** *I think that the poetry isn't*
[10] **cum canem carmina** *whenever I recite the poems*

Rūfus versūs nōn canit, neque rīdet. Rūfus rīdet cum lutulentus sit.[11]

ecce, versūs dē Rūfō sīcut Martiālis et Catullus:

**"Rūfus iam lutulentus est ubīque"**

**"quoque is rīdet et laetus ecce frāter"**

**"lūtulentus is omnibus diēbus"**

mihi placent versūs illī! cecinī[12] versūs sīcut poēta bonus. syllaba *lu* in *lu*tulentō rē vērā nōn est syllaba longa. ego, autem, volēbam canere versum sīcut poētae Martiālis et Catullus. multī poētae aliās syllabās longās, aliās[13] syllabās nōn longās scrībunt et canunt.

---

[11] **cum lutulentus sit** *whenever he's muddy*
[12] **cecinī** *I recited*
[13] **aliās...aliās...** *some...others...*

sum poētulus bonus. ergō, scrīpsī et cecinī *lūtulentum,* nōn *lutulentum.*

ecce, versus alius dē Rūfō sordidissimō sīcut Martiālis et Catullus:

**"est in culīnā,
sordidissimus Rūfus!"**

# II
# dē Rūfō et armīs ātrīs

*gladiātōrēs amantur*
sunt pugnae Rōmae. aliae pugnae bonae, aliae malae sunt. multae pugnae, autem, sunt bonae.

*diēs Mārtis*

diē Mārtis, optima pugna erit. hodiē, gladiātōrēs in urbem īvērunt ad pugnandum[1] diē Mārtis. gladiātōrēs amantur ab Rōmānīs multīs. Rūfus gladiātōrēs pugnantēs amat! is gladiātōrēs vidēre vult.

**"sunt gladiātōrēs Rōmae, quī Rūfō ab amantur"**

---

[1] **īvērunt ad pugnandum** *they went in order to fight*

hodiē, audīvī rem incrēdibilem.[2] audīvī Rūfum nōn velle[3] ad Amphitheātrum Flāvium īre!
est rīdiculum!

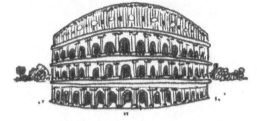

Rūfus gladiātōrēs amat. eī placet vidēre gladiātōrēs pugnantēs. ergō, cūriōsus sum. iam, scrībō et canō versum dē Rūfō et pugnā sīcut Catullus:

**"Quis, Rūfe Fūfe[4] es?!
nōn vidēre pugnam vīs?!"**

*optima sunt arma*
herī, diē Mercuriī, audīvī Rūfum nōn velle pugnam vidēre.

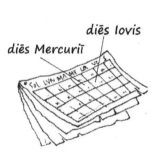

diēs Iovis

diēs Mercuriī

---

[2] **rem incrēdibilem** *incredible thing*
[3] **audīvī Rūfum nōn velle** *I heard that Rufus didn't want*
[4] **Rūfe Fūfe** *O Rufus Fufus (Piso's name for his brother)*

erat rīdiculum! rē vērā, Rūfus pugnās vidēre amat! Rūfus gladiātōrēs vidēre vult cotīdiē!

Crixaflamma, gladiātor optimus, hodiē Rōmam it.

Crixaflamma in urbem it cum lanistā optimō, Oenobatiātō. Crixaflamma arma ātra et optima habet. arma mihi nōn placent, sed multī Rōmānī ad pugnam īre volunt. mihi placet canere dē Rōmānīs. ergō, scrībō et canō dē gladiātōre et armīs. arma virumque canō:

**"optima sunt arma et,
gladiātor pugnat in urbe"**

gladiātōrēs Oenobatiātī sunt Rōmae hodiē. nam, pugna optima erit diē Mārtis. pugnae omnēs Rōmae sunt in Amphitheātrō Flāviō.

bonī gladiātōrēs Oenobatiātī pugnābunt diē Mārtis Rōmae in Amphitheātrō.

**"pugnābunt gladiātōrēs,
Ubi? in Amphitheātrō"**

_pugna bona_
hodiē pugna bona est, sed nōlō īre ad Amphitheātrum Flāvium. ego ad Forum Rōmānum īre volō.

iam, sum in Forō, et audiō aliquid cūriōsum.

est vir quī canit. vir rīdiculē et horribiliter canit! vir poēta bonus nōn est! vir est poēta ineptus! malum est rīdiculē et horribiliter canere cōram Rōmānīs! ergō, domum īre volō.

nōn sum in Amphitheātrō, sed audiō multōs Rōmānōs et gladiātōrēs. gladiātōrēs mihi nōn placent. Rōmānī, autem, mihi placent. mihi placet scrībere dē Rōmānīs. multī Rōmānī eunt ad Amphitheātrum Flāvium ad pugnās videndās.[5] ergō, scrībō dē Rōmānīs illīs quī gladiātōrēs amant. in Amphitheātrō iam est gladiātor ineptus quī pugnat. vir nōn pugnat bene. is rīdiculē pugnat! audiō Rōmānōs rīdēre.[6]

## "est vir ineptus, rīdiculē pugnat gladiātor"

Crixaflamma, gladiātor optimus, iam in Amphitheātrum it.

---

[5] **ad pugnās videndās** *in order to see fights*
[6] **audiō Rōmānōs rīdēre** *I hear Romans laughing*

Rōmānī Crixaflammam amant! is iam pugnat in multōs gladiātōrēs malōs et ineptōs. is in gladiātōrēs pugnat et pugnat et pugnat. Crixaflamma est fortis! Crixaflamma est victor. ecce, versum scrībō sīcut Martiālis et Catullus:

**"iam Crixaflamma est,
victor optimus fortis"**


*arma quaerēns*
pugna optima erat! eram in Forō, sed pugnam in Amphitheātrō audiēbam.

Crixaflamma est victor! iam, videō Crixaflammam īre[7] ad Forum cum lanistā, Oenobatiātō.

Oenobatiātus laetus nōn est.

---

[7] **videō Crixaflammam īre** *I see Crixaflamma going*

Crixaflamma arma ātra habēbat. is, autem, arma ātra iam nōn habet! ēheu! canō versum cōram gladiātōribus:

**"optimus est gladiātor sed, iam nōn habet arma!"**

ēheu! erat fūr in Amphitheātrō! fūr arma ātra Crixaflammae iam habet. Rūfus et Oenobatiātus et gladiātōrēs bonī omnēs iam arma quaerunt. Rūfus arma invenīre vult.[8] arma sunt gladius āter, et scūtum ātrum.

Ubi sint[9] arma?!

aliī gladiātōrēs ad lūdum, aliī gladiātōrēs in Cloācam Maximam iam eunt. Cloāca Maxima sub Rōmā est.

---

[8] **invenīre vult** *wants to find*
[9] **Ubi sint?** *Where ccould they be?*

Cloāca Maxima ipsa habet aliquid malī odōris.[10] est horribile in Cloācā Maximā. Cloāca Maxima semper male olet quia sub Rōmā est. fūfae!

ecce, parvum carmen dē Cloācā Maximā! cane mēcum!

**"Rūfus vult gladium,
sed nōn vult īre sub Rōmā"**

**"ipsa Cloāca aliquid,
malī odōris habet, fūfae!"**

**"est odor horribilis,
sub Rōmā semper olet nam!"**

---

[10] **aliquid malī odōris** *something of a bad smell*

## *carmen dē armīs ātrīs*

Rūfus et aliī Rōmānī tristēs erant quia Crixaflamma arma ātra nōn habēbat. omnēs arma quaerēbant. aliī ad lūdum Oenobatiātī super Rōmam, aliī in Cloācam Maximam, sub Rōmā, ībant, arma quaerentēs.

gladiātōrēs sordidī erant quia in Cloācā Maximā est multum lutum! rēs erat horribilis![11] nam, lutum male olet. omnēs, autem, volēbant arma ātra invenīrī.[12]

---

[11] **rēs horribilis** *horrible situation*
[12] **arma invenīrī** *weapons to be found*

arma ātra inventa sunt[13] in lūdō nesciō-
cūius lanistae[14] malī. nesciō-quis
lanista malus gladium
ātrum et scūtum ātrum
habēbat. is erat fūr!

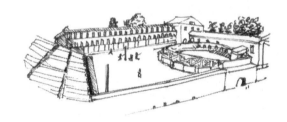

gladiātōrēs Oenobatiātī, autem, in
Cloācā Maximā erant. erat rīdiculum!
gladiātōrēs sordidī nōn invēnērunt
arma. arma aderant in lūdō
gladiātōrum, nōn in Cloācā Maximā!

iam, Crixaflamma arma ātra iterum
habet. armīs ātrīs inventīs[15] ab Rūfō,
omnēs laetī sunt.

---

[13] **inventa sunt** *were found*
[14] **nesciō-cūius lanistae** *of Mr. no-name gladiator trainer*
[15] **armīs ātrīs inventīs** *since the weapons were found*

ecce, carmen meum longissimum dē armīs ātrīs inventīs! iterum, cane mēcum!

"ecce, meum carmen,
dē armīs ātrīs quoque Rūfō"

"omnēs tristēs sunt,
quaerunt scūtum gladiumque"

"sub Rōmā quaerunt aliī,
super Rōmam aliī ergō"

"sub Rōmā gladiātor erat,
quaerēns gladium ātrum"

"sordidus est, gladiātor olet;
male et horribilis rēs"

"ecce Cloāca est sordida nam,
lutum olet male, fūfae!"

"vir male olet iam rīdiculum est,
armīs inventīs"

**"nesciŏ-quis nam lanista malus,
gladium ātrum is habēbat"**

**in lūdō,
"gladiātōrum ipsa arma ātra
aderant, nam"**

**"optimus est iterum,
gladiātor et arma habet ātra!"**

mihi placet carmen! multī versūs sunt in carmine, et cecinī versūs sīcut poēta bonus. syllaba *ō* in *nesciō-quis* rē vērā est syllaba longa.

versus, autem, quī habet *nesciō-quis* est sīcut versus Martiālis et Catullus. ego volēbam canere versum sīcut Vergilius. multī poētae aliās syllabās longās, aliās syllabās nōn longās scrībunt et canunt. sum poētulus bonus. ergō, scrīpsī et cecinī *nesciŏ-quis,* nōn *nesciō-quis.*

## *amīcī Rūfī*

nesciō-quis lanista, fūr ipse, arma ātra habēbat!

herī, Rūfus arma ātra invēnit. Rūfus iam est amīcus Crixaflammae.

hodiē, Rūfus amīcōs aliōs vidēre vult. bonī amīcī Rūfī sunt Quīntus, Sextus, et Syra. Rūfus, Sextus, et Syra ad Forum eunt ad Quīntum inveniendum.[16]

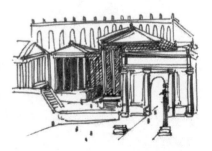

Quīntus, autem, Rōmae nōn est.

---

[16] **ad Quīntum inveniendum** *in order to find Quintus*

ille nōn Rōmae neque tūtus est. Quīntus est in Graeciā. ille tūtus nōn est quia aliquid malum est in Graeciā!

ecce, versūs meī dē amīcīs Rūfī sīcut Catullus et Martiālis:

**"Quīntus optimus est amīcus Rūfī"**

**"Sextus et Syra sunt amīcī in urbe"**

**"Quīntus Graeciā in est neque ille tūtus"**

# III
# dē mātre, Agrippīnā

*in culīnā*
Rūfus, māter, et ego
omnēs domī sumus.

sumus in culīnā, et Rūfus cēnam vult.

Rūfus male cēnam parat.[1] ego quoque male cēnam parō! cēna mea est horribilis, et male olet! cēna Rūfī horribilior est!

māter, autem, optimē parat cēnam. ergō, māter iam cēnam parat Rūfō.

**"māter laeta domī est,
hodiē cēnam parat Rūfō"**

*carmen dē mātre pugnante*
Rūfus putat mātrem pugnāre.[2]

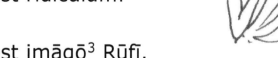

est rīdiculum!

est imāgō[3] Rūfī.

---

[1] **cēnam parat** *prepares dinner*
[2] **putat mātrem pugnāre** *thinks that mother fights*
[3] **imāgō** *idea*

imāgō Rūfī mala est. Rūfus imāginēs multās habet. omnēs imāginēs Rūfī, autem, sunt nūgae![4]

māter pugnat?! sit incrēdibile![5] sit secrētum optimum! habeatne[6] māter secrētum?

iam, audiō mātrem.

---

[4] **nūgae** *nonsense*
[5] **sit incrēdibile** *it would be incredible*
[6] **habeatne?** *Could she have?*

māter est in culīnā, coquēns.[7] māter nōn pugnat. est diēs Veneris. hodiē, māter pāvōnem coquit! pāvō est cēna optima! multīs Rōmānīs pāvōnēs placent. māter nōn fortiter pugnat, sed fortiter coquit! pāvō coquitur ā mātre. iam, cēna parāta est[8] mihi et Rūfō.

ecce, carmen alium longum meum dē mātre coquente:

**"ecce, alium carmen,
dē mātre coquente, domī est hīc"**

**"Rūfus imāginem habet:
mātrem pugnāre putat iam"**

**"pugnat?! sunt nūgae!
secrētum incrēdibile et sit!"**

**"sed mātrem audīvī,
pugnantem?! nōn, coquit ecce!"**

---

[7] **coquēns** *cooking*
[8] **parāta est** *is prepared*

**"pāvō iam coquitur,
sed māter nōn habet arma"**

**"cēna ab mātre parāta est,
fortiter et coquit illa"**

**"sed nōn pugnat māter;
nūgae! rīdiculum sit!"**

_sum cūriōsus_

herī, diē Iovis, Rūfus putābat mātrem pugnāre.[9] sed hīc, domī in culīnā, māter cēnam parābat. illa nōn pugnābat. iam,[10] cūriōsus sum.

ecce, versus sīcut Martiālis et Catullus:

**"sum cūriōsus,
sitne māter hīc pugnat?"**

---

[9] **putābat mātrem pugnāre** _thought that mother fights_
[10] **iam** _still_

## carmen parvum dē itineribus

Rūfus putābat mātrem pugnāre. ego putābam imāginēs Rūfī esse nūgās.[11]

rē vērā, imāginēs neque[12] nūgae, neque malī erant! māter rē vērā pugnat! eī placet pugnāre! māter pugnat in culīnā! māter fortis est! māter fortiter pugnat, et pugnat armīs![13] mihi placet, sed tristis sum.

sum tristis quia pater est in Britanniā. Rūfus est tristior quia parvus puer est. iam, māter vult quaerere patrem. ego quoque volō patrem quaerere. ergō, māter et ego ad Britanniam īmus ad patrem quaerendum et inveniendum.[14] iter longum erit.

---

[11] **putābam esse nūgās** *I thought they were nonsense*
[12] **neque...neque...** *neither...nor...*
[13] **pugnat armīs** *fights with weapons*
[14] **ad quaerendum et inveniendum** *in order to search and find*

Rūfus, autem, nōn ad Britanniam ībit mēcum. iter ad Britanniam nōn tūtum est. Rūfus ad Graeciam ībit. Rūfus cum Gāiō, frātre Līviae, ībit ad Graeciam. iter ad Graeciam erit bonum. cum Gāiō, iter tūtum erit.

iam, tristē canō parvum carmen dē itineribus:

**"iam tristēs sumus et,**
**sed Rūfus tristior, ēheu est!"**

**"māter it ad patrem quaerendum,**
**mēcum iter longum est"**

**"sed Rūfus Gāiusque ad,**
**Graeciam eunt; bonum iter sit"**

## *parātī sumus*

hodiē, māter et ego parātī sumus.[15] parātī sumus ad patrem quaerendum et inveniendum. hodiē, iter facimus[16] ad Britanniam. iter longum erit, sed volimus patrem esse tūtum.

ergō, ad Britanniam ībimus, et versūs canam. ecce, versūs meī sīcut Martiālis et Catullus:

**"mea et māter iter facit; parāta est"**

**"parātus quoque sum ad Britanniam, ecce"**

ecce, versus alius:

**"it Rūfus, autem, nōn Britanniam ad mēcum"**

---

[15] **parātī sumus** *we are prepared*
[16] **iter facimus** *we're going on a journey*

versūs meī erant multī. aliī in carminibus, aliī fragmenta erant. aliī sīcut Vergilius, aliī sīcut Martiālis et Catullus erant. omnēs versūs mihi placuērunt!

ergō, ego scrībam et scrībam et scrībam.

ego arma canam.

ego gladiātōrēs Rūfumque canam.

ego pugnās mātremque itineraque patremque canam!

ego sum..."Pīsō Ille Poētulus!"

# Dē Versibus

*The trick to reciting Latin poetry is actually to pronounce Latin **exactly as you normally would** (e.g. accent/syllable length) just without stopping after each word. The challenge is being aware of when vowels drop between words. If accompanying audio files are made available for purchase separately, like the* Pīsō Ille Poētulus *Poetry Album on iTunes and Amazon, I highly recommend using them while following along with the recitation notes below. Visit magisterp.com under Rhythmic Fluency for additional metrical resources and an explanation of the alternative scansion practice (vs. traditional scansion practice). Briefly, though, anything not underlined or without a macron is short. Long vowels and syllables are pronounced about twice as long as short ones. The following key applies throughout:*


*ā, ē, ī, ō, ū = long vowels*
<u>*Underlined*</u> *= long syllable*
   ***Bold*** *= accented syllable*
      *` = vowels drop between syllables*

## *frag **men**ta*

**frā**ter **Rūfu**s a<u>dest</u>,
lutu**len**tus a<u>dest</u> et a<u>dest</u> iam

dē **Rū**fō lutu**len**tō

1)

**Rūfu**s e<u>rat</u> lutu**len**tus et <u>is</u>,
**ma**l'olē**bat ub**īque

2)

**Rū**<u>fus</u> <u>vu</u>lt lutu**lā r'o**diē,
**qu**i'eī **pla**ce<u>t **ip**</u>sum

3)

**ec**ce **do**m'est **mā**<u>ter</u> Rō**mā**n'<u>et</u>,
**Lī**vi'a<u>dest</u> iam

**es**se **ne**fās lutu**len** <u>tum</u> **cō**<u>ram</u>,
**mā**tribu**s ē**<u>heu</u>!

4)

**Rū**fus vult,
lutu**lār'in Tem**pl'**au** t'**ec**ce **ne**fās est

5)

**ē**heu **Rū**fus a<u>dest</u>,
i**s** a<u>mat</u> lutu**lā r '**e</u>go **nō**lō

6)

Rō**mā**nī **be n'o**<u>lent</u>,
qu'ad **ther** mās **sem**per e<u>unt</u> hīc


7) *hendeca**syl**labī*

**Rū**fus <u>iam</u> lutu**len**tu<u>s es</u>t ubīque
**quo**qu'is **rī**det et **lae**tu**s ec**ce **frā**ter
lūtu**len**tus i**s om**ni<u>bus</u> di**ē**bus


8) ***scā**zōn*

<u>es</u> t i<u>n</u> cu**lī**nā,
<u>sordi</u>**dis**<u>simus</u> **Rū**fus

dē **Rūf'et ar**mī**s āt**rīs

1)

> sun̲t̲ gladiā**tō**r̲ē̲s **Rō**m̲ae,
> quī **Rūf'**ab a**man**tur

2) *scā*zōn

Q̲u̲i̲s̲, **Rū**fe **fū**f̲e̲'s̲?!
n̲ō̲n̲ vi**dē**re **pug** n̲a̲m̲ vīs?

3)

> **op**tima s̲u̲n̲ **t ar** ma e̲t̲,
> gladiā̲t̲o̲r̲ **pug**nat i̲**n ur**be

4)

> pug**nā**b̲u̲n̲t̲ gladiā**tō**r̲ē̲s̲,
> **U**b'i̲n̲ Amphitheā**trō**

5)

> e̲s̲t̲ vir i**nep** t̲u̲s̲
> rī**di**culē **pug** n̲a̲t̲ gladiā**tor**

## 6) *scāzōn*

iam Crixa**flam** ma'st,
**vic**to**r op**timus **for**tis

## 7)

**op**timus est gladi**ā**tor sed,
iam nō**n'abet ar**ma

## 8)

**Rū**fus vult **gla**dium,
sed nōn vult īre sub **Rō**mā

**ip**sa Clo**āc'a**liquid,
**mal'**o**dō**ris'abet, **fū**fae!

est odor'o**rri**bilis,
sub **Rō**mā **sem**per olet nam!

## 9) *"**car** men dē **armīs ā**trīs"*

**ec**ce, **me**um **car** men,
**d'ar**mīs **ā** trīs **quo**que **Rū**fō

**om** nēs **tris** tēs sunt,
**quae** runt **scū**tum gladi**um**que

sub **Rō**mā **quae** runt aliī,
**su**per **Rō** m'ali'**er**gō

sub **Rō**mā gladi**ā**tor erat,
**quae** rēns **gla**di'**ā**trum

**sor**didus est, gladi**ā**tor olet;
**ma**l'et'or**ri**bilis rēs

**ec**ce Cloāca'st **sor**dida nam,
**lu** t'olet **ma**le **fū**fae!

vir **ma** l'olet iam rī**di**culum'st,
**ar**mīs in **ven**tīs

**nes**ciŏ-quis nam la**nis**ta **ma**lus,
**gla**di'**ā**tr'is'a**bē**bat

in **lū**dō,
gladiā**tō r'ip** s'ar m'**ā** tr'aderant nam

51

optimus es t iterum,
gladiātor et ar m'abet ātra


10) *hendecasyllabī*

**Quīn**tus **op**timus est amīcus **Rūf**ī
**Sex**tus et **Sy**ra sunt amīc'in **ur**be
**Quīn** tus **Grae**ci'in est **ne qu'il**le **tū**tus


dē Ag rip **pī**nā

1)
    **mā**ter **lae**ta **do**m'est,
    **ho**diē **cē**nam **pa**rat **Rū**fō


2) "**car** men dē **mā**tre pug **nan**te"

    **ec** c'alium **car** men,
    dē **mā**tre co**quen**te, **do**m'est hīc

    **Rū**fus im**ā**gin'a**bet:
    **mā**trem pug**nā**re **pu**tat iam

**pug** nat?! sunt **nū**gae!
secrēt'incrēdibil'et sit!

sed **mā**tr'au**dī**vī,
pug **nan** tem?! nōn, **co**qui**t ec**ce!

**pā**vō iam **co**qui<u>tur</u>,
sed **mā**ter nō**n'a**be**t ar**ma

**cē**n'ab **mā**tre parā<u>ta'st</u>,
**for**tite<u>r et</u> **co**qui**t il**la

sed nōn **pug** nat **mā**ter;
**nū**gae rī**di**cu<u>lum</u> sit

3) **scā**zōn

<u>sum</u> cūri**ō**<u>sus</u>,
**sit**ne **mā**ter<u>'īc</u> **pug**nat?

4) "**car** men dē iti**ner**ibus"

iam **tris** tēs **su**mu<u>s et</u>,
sed **Rū**fus **tris**tio**r ē** heu'st!

**mā**ter it ad **pat**rem quae **ren** dum,
**mē** c'iter **lon** gum'st

sed **Rū**fus,
Gā**ius** qu'ad **Grae**ci'eunt **bo n'i**ter sit

4) *hendeca**syl**labī*

**me**'et **mā**ter **i**ter **fa**cit; parā**ta**'st
parā**tus** **quo**que s'ad Bri**tan**ni'**ec**ce

5) *sc**ā**zōn*

it **Rū**fus, au tem,
nōn Bri**tan**ni'ad **mē**cum

# Index Verbōrum

**ā/ab** *from, by*
    ab Rōmānīs *by Romans*
    ab Rūfō *by Rufus*
    ā mātre *by mother*
**ad** *towards, in order to, for*
    ad versum scrībendum *in order to write a line of poetry*
    īre ad *to go towards*
    ad thermās *to the baths*
    ad pugnandum *in order to fight*
    ad pugnās videndās *in order to see fights*
    ad inveniendum *in order to find*
    ad quaerendum *in order to look for*
**aderant** (ad + erant) *were present, there*
    aderant in lūdō *were there in the gladiator school*
**adest** (ad + est) *is present, here*
    Rūfus adest *Rufus is here*
    semper adest *is always here*
    Līvia adest *Livia is here*
**adsunt** (ad + sunt) *are present, here*
    Rōmānī adsunt *Romans are here*
**Agrippīnā** *Agrippina, Piso's mother*
    dē mātre, Agrippīnā *about mother, Agrippina*
**aliās** *other (more than one)*
    aliās...aliās... *some...others...*
**aliī** *other (more than one), some*
    versūs aliī *other lines of poetry*
    aliī gladiātōrēs *some gladiators*
    aliī Rōmānī *other Romans*
**aliōs** *other*
    amīcōs aliōs *other friends*
**alium** *another*
    carmen alium *another poem*
**alius** *other*
    versus alius *other line of poetry*
**aliquid** *something*
    audiō aliquid *I hear something*
    aliquid malī odōris *something of a bad odor*
    aliquid malum *something bad*
**amant** *(more than one) love*
    quī gladiātōrēs amant *who love gladiators*
    Crixaflammam amant *love Crixaflamma*
**amantur** *(more than one) are loved*
    amantur ab *are loved by*

**amat** *loves*
> lutum amat *loves mud*
> lutulārī amat *loves to be covered in mud*
> gladiātōrēs amat *loves gladiators*
> vidēre amat *loves to see*

**amō** *I love*
> amō poētam *I love the poet*

**amīcī** *friends*
> amīcī Rūfī *friends of Rufus*

**amīcīs** *friends*
> dē amīcīs *about friends*

**amīcōs** *friends*
> amīcōs vidēre *to see friends*

**amīcus** *friend*
> amīcus Crixaflammae *Crixaflamma's friend*

**Amphitheātrō Flāviō** *Flavian Amphitheater, the Colosseum*
> in Amphitheātrō Flāviō *in the Colosseum*

**Amphitheātrum Flāvium** *Colosseum*
> īre ad Amphitheātrum Flāvium *to go to the Colosseum*
> in Amphitheātrum Flāvium it *goes into the Colosseum*

**arma** *weapons, armor*
> arma habet *has weapons*
> arma nōn placent *doesn't like weapons*
> arma canere *to sing of weapons*
> arma habēre *to have weapons*
> arma quaerere *to search for weapons*
> arma invenīre *to find weapons*
> arma aderant in lūdō *weapons were there in the gladiator school*

**armīs** *weapons, armor*
> dē armīs ātrīs *about the black weapons*
> armīs ātrīs inventīs *since the black weapons were found*
> pugnat armīs *fights with weapons*

**āter** *black*
> gladius āter *black sword*

**ātra** *black (more than one)*
> arma ātra *black weapons*

**ātrīs** *black (more than one)*
> dē armīs ātrīs *about the black weapons*
> armīs ātrīs inventīs *since the black weapons were found*

**ātrum** *black*
> scūtum ātrum *black shield*
> gladium ātrum habēbat *had the black sword*

**audiēbam** *I heard*
> pugnam audiēbam *I heard the fight*

**audiō** *I hear*
> audiō aliquid *I hear something*
> audiō gladiātōrēs *I hear gladiators*
> audiō Rōmānōs rīdēre *I hear Romans laughing*

audiō mātrem *I hear mother*
**audīvī** *I heard*
    audīvī rem incrēdibilem *I heard an incredible thing*
    audīvī Rūfum nōn velle *I heard that Rufus didn't want*
**autem** *however*
**bene** *well, good*
    bene olent *smell good*
    nōn bene pugnat *doesn't fight well*
**bona** *good*
    pugna bona *good fight*
  **bonae** *good (more than one)*
    pugnae bonae *good fights*
  **bonī** *good (more than one)*
    versūs bonī *good lines of poetry*
    gladiātōrēs bonī *good gladiators*
    amīcī bonī *good friends*
  **bonōs** *good (more than one)*
    bonōs versūs *good lines of poetry*
  **bonum** *good*
    versum bonum *good line of poetry*
    iter bonum *good journey*
    sit bonum *it might be good*
  **bonus** *good*
    poētulus bonus *good little poet*
    sīcut poēta bonus *like a good poet*
**Britanniā** *Britain*
    in Britanniā *in Britain*
  **Britanniam** *Britain*
    īre ad Britanniam *to go to Britain*
**canam** *I will sing, recite poetry*
    ergō, canam *therefore, I will sing*
    versūs canam *I will recite poetry*
  **cane!** *Sing!*
    cane mēcum! *Sing with me!*
  **canem** *I might sing*
    cum canem *whenever I sing*
  **canere** *to sing*
    vīsne canere? *Do you want to sing?*
    volēbam canere *I wanted to recite*
    canere dē *to sing about*
  **canit** *sings*
    cotīdiē canit *sings every day*
    nōn canit *doesn't sing*
  **canō** *I sing*
    canō dē *I sing about*
    arma canō *I sing of weapons*
  **canunt** *(more than one) recite*
    poētae scrībunt et canunt *poets write and recite*

**carmen** *song, poem*
  parvum carmen *short poem*
  carmen longissimum *really long poem*
  carmen alium longum *another long poem*
**carmina** *poems*
  scrībō carmina *I write poems*
  carmina mea *my poems*
  carmina canere *to sing poems*
**carmine** *poem*
  in carmine *in a poem*
**carminibus** *poems*
  in carminibus *in poems*
**Catullī** *Catullus, the Roman poet*
  versūs Catullī *Catullus' poetry*
**Catullus** *Catullus*
  poētae Martiālis et Catullus *the poets Martial and Catullus*
**cecinī** *I recited*
  cecinī versūs *I recited poetry*
  ergō, cecinī *therefore, I recited*
**cēna** *dinner*
  cēna male olet *the dinner smells bad*
  cēna horribilior *a more horrible dinner*
  cēna optima *best dinner*
  cēna parāta est *dinner is prepared*
**cēnam** *dinner*
  cēnam vult *wants dinner*
  cēnam parat *prepares dinner*
**Cloāca Maxima** *Rome's sewer*
  Cloāca Maxima sub Rōmā est *the sewer is under Rome*
**Cloācā Maximā** *Rome's sewer*
  in Cloācā Maximā *in the sewer*
**Cloācam Maximam** *Rome's sewer*
  in Cloācam Maximam *into the sewer*
**coquēns** *cooking*
  in culīnā, coquēns *in the kitchen, cooking*
**coquente** *cooking*
  dē mātre coquente *about mother, cooking*
**coquit** *cooks*
  pāvōnem coquit *cooks a peacock*
  fortiter coquit *fiercely cooks*
**coquitur** *is cooked*
  coquitur ā mātre *being cooked by mother*
**cōram** *in the presence of*
  cōram mātribus Rōmānīs *in front of Roman mothers*
  cōram gladiātōribus *in front of gladiators*
**cotīdiē** *every day*
**Crixaflamma** *Crixaflamma, the best gladiator*
  Crixaflamma Rōmam it *Crixaflamma is going to Rome*

**Crixaflammae** *of Crixaflamma*
    arma Crixaflammae *the weapons of Crixaflamma*
    amīcus Crixaflammae *Crixaflamma's friend*
**Crixaflammam** *Crixaflamma*
    Crixaflammam amant *love Crixaflamma*
    videō Crixaflammam īre *I see Crixaflamma going*
**culīnā** *kitchen*
    domī in culīnā *at home in the kitchen*
    sumus in culīnā *we're in the kitchen*
    in culīnā, coquēns *in the kitchen, cooking*
**cum** *with, whenever*
    cum lutulentus sit *whenever he's muddy*
    cum canem *whenever I sing*
    cum lanistā *with the gladiator trainer*
    cum Gāiō *with Gaius*
**cūriōsum** *curious*
    aliquid cūriōsum *something curious*
  **cūriōsus** *curious*
    cūriōsus sum *I'm curious*
**dē** *about*
**diē** *on the day*
    diē Mārtis *on the day of Mars (Tuesday)*
    diē Mercuriī *on the day of Mercury (Wednesday)*
    diē Iovis *on the day of Jove/Jupiter (Thursday)*
  **diēbus** *on the days*
    omnibus diēbus Lūnae *on all Mondays*
  **diēs** *day*
    diēs Sōlis *day of the Sun (Sunday)*
    diēs Lūnae *day of the Moon (Monday)*
    diēs Mārtis *day of Mars (Tuesday)*
    diēs Mercuriī *day of Mercury (Wednesday)*
    diēs Iovis *day of Jove/Jupiter (Thursday)*
    diēs Veneris *day of Venus (Friday)*
    diēs Sāturnī *day of Saturn (Saturday)*
**domī** *at home*
    scrībō domī *I write at home*
    is est domī *he's at home*
  **domum** *to home*
    domum īre *to go home*
**ecce!** *Look!, Behold!*
**ego** *I*
    ego, autem, nōlō *I, however, don't want*
**ēheu!** *Oh no!*
**eī** *he/she*
    lutum eī placet *he likes mud*
**eram** *I was*
    eram parvus *I was small*
    eram malus *I was bad*

eram in Forō *I was in the Forum*
**erant** *(more than one) were*
    sordidī erant *were dirty*
    neque malī erant *nor were they bad*
    multī erant *they were many*
**erat** *was*
    lutulentus erat *was muddy*
    herī erat *yesterday was*
    erat rīdiculum *it was ridiculous*
    optima erat *was the best*
    erat fūr *he was the thief*
**erit** *will be*
    iter longum erit *journey will be long*
    erit bonum *will be good*
    tūtum erit *will be safe*
**ergō** *therefore*
**es** *you are*
    Quis es?! *Who are you?!*
    **esse** *to be*
    lutulentum esse *to be muddy*
    esse tūtum *to be safe*
  **est** *is, it's, there is*
    est sordida *is dirty*
    malum est *it's bad*
    lutum est *there's mud*
**et** *and*
**eunt** *(more than one) go*
    eunt ad *go towards*
    eunt in *go into*
**facimus** *we make*
    iter facimus *we're going on a journey*
  **facit** *does, makes*
    iter facit *is going on a journey*
**Forō Rōmānō** *Forum, Rome's marketplace*
    in Forō Rōmānō *in the Forum*
  **Forum Rōmānum** *Forum*
    ad Forum Rōmānum īre *to go to the Forum*
**fortis** *strong*
    esse fortis *to be strong*
  **fortiter** *fiercely*
    fortiter pugnat *fiercely fights*
    fortiter coquit *fiercely cooks*
**fragmenta** *fragments*
    fragmenta mea *my fragments*
    scrībō fragmenta *I write fragments*
  **fragmentulum** *very small, very short fragment*
    est fragmentulum *it's a very short fragment*

**fragmentum** *fragment*
    fragmentum est *a fragment is*
**frāter** *brother*
    frāter meus *my brother*
**frātre** *brother*
    dē frātre, Rūfō *about brother, Rufus*
    cum frātre Līviae *with Livia's brother*
**fūfae!** *Gross!*
  **Fūfe** *Piso's name for his brother, Rufus, from* fūfae! *(= gross!)*
    "Rūfe Fūfe," *"O, Rufus Fufus"*
**fūr** *thief*
    erat fūr *there was a thief*
    fūr habet *the thief has*
    is erat fūr *he was the thief*
    fūr habēbat *the thief had*
**Gāiō** *Gaius, Livia's brother*
    cum Gāiō *with Gaius*
  **Gāiusque** *and Gaius*
    Rūfus Gāiusque eunt *Rufus and Gaius are going*
**gladiātor** *gladiator*
    gladiātor optimus *the best gladiator*
    gladiātor quī pugnat *gladiator who fights*
**gladiātōre** *gladiator*
    dē gladiātōre *about the gladiator*
**gladiātōrēs** *gladiators*
    gladiātōrēs īvērunt *gladiators went*
    gladiātōrēs amantur *gladiators are loved*
    gladiātōrēs pugnantēs *fighting gladiators*
    gladiātōrēs vidēre *to see gladiators*
    audiō gladiātōrēs *I hear gladiators*
    gladiātōrēs amant *love gladiators*
    gladiātōrēs nōn invēnērunt *gladiators didn't find*
    gladiātōrēs Rūfumque canam *I will sing of gladiators and Rufus*
**gladiātōribus** *gladiators*
    cōram gladiātōribus *in the presence of gladiators*
**gladiātōrum** *of gladiators*
    in lūdō gladiātōrum *in the school of gladiators*
**gladium** *sword*
    gladium ātrum habēbat *had the black sword*
**gladiumque** *and a sword*
    quaerunt scūtum gladiumque *search for the shield and sword*
**gladius** *sword*
    gladius āter *black sword*
**Graeciā** *Greece*
    in Graeciā *in Greece*
  **Graeciam** *Greece*
    ad Graeciam ībit *will go to Greece*

**habeatne** *could she have?*
    habeatne secrētum? *Could she have a secret?*
**habēbat** *had*
    arma habēbat *had weapons*
    gladium ātrum habēbat *had the black sword*
**habet** *has*
    nōn habet *doesn't have*
    arma habet *has weapons*
    habet aliquid *has something*
    iterum habet *has again*
    imāginēs habet *has ideas*
**herī** *yesterday*
**hīc** *here*
**hodiē** *today*
**horribile** *horrible*
    est horribile *it's horrible*
**horribilēs** *horrible*
    odōrēs horribilēs *horrible odors*
**horribilior** *more horrible*
    horribilior est *is more horrible*
**horribilis** *horrible*
    rēs horribilis *horrible situation*
    cēna horribilis *horrible dinner*
**horribiliter** *horribly*
    horribiliter canit *sings horribly*
**iam** *now, still*
**ībant** *(more than one) were going*
    in Cloācam Maximam ībant *were going into the sewer*
**ībimus** *we will go*
    ad Britanniam ībimus *we will go to Britain*
**ībit** *will go*
    ad Graeciam ībit *will go to Greece*
**illa** *she, that one*
    illa nōn pugnābat *she was not fighting*
**ille** *he, that one*
    sum "Pīsō Ille Poētulus" *I'm "Piso The Little Poet"*
    versus ille *that line of poetry*
**illī** *those*
    versūs illī *those lines of poetry*
**illīs** *those*
    dē Romānīs illīs *about those Romans*
**imāginem** *idea*
    imāginem habet *has an idea*
**imāginēs** *ideas*
    imāginēs habet *has ideas*
    imāginēs sunt nūgae *ideas are nonsense*
**imāgō** *idea*
    imāgō Rūfī *Rufus' idea*

**imperfectī** *imperfect, incomplete*
    versūs imperfectī *incomplete lines of poetry*
  **imperfectissimus** *really incomplete*
    est imperfectissimus! *it's really incomplete!*
  **imperfectus** *incomplete*
    versus imperfectus *incomplete line of poetry*
**īmus** *we are going*
    īmus ad Britanniam *we are going to Britain*
**in** *in, on*
**incrēdibile** *incredible*
    sit incrēdibile *it would be incredible*
  **incrēdibilem** *incredible*
    audīvī rem incrēdibilem *I heard an incredible thing*
**ineptōs** *inept, unskilled (more than one)*
    gladiātōrēs ineptōs *unskilled gladiators*
  **ineptus** *unskilled*
    poētulus ineptus *unskilled little poet*
    poēta ineptus *unskilled poet*
    gladiātor ineptus *unskilled gladiator*
**invēnērunt** *(more than one) found*
    nōn invēnērunt arma *didn't find the weapons*
  **inveniendum** *in order to find*
    ad Quīntum inveniendum *in order to find Quintus*
    ad patrem inveniendum *in order to find father*
  **invenīre** *to find*
    invenīre vult *wants to find*
  **invenīrī** *to be found*
    volēbant arma invenīrī *wanted the weapons to be found*
  **invēnit** *found*
    arma invēnit *found the weapons*
  **inventa sunt** *were found*
    arma inventa sunt *the weapons were found*
  **inventīs** *(more than one) found*
    armīs ātrīs inventīs *since the black weapons were found*
    inventīs ab Rūfō *found by Rufus*
**ipsa** *itself*
    Cloāca Maxima ipsa *the sewer itself*
  **ipse** *himself*
    fūr ipse *the thief himself*
    Vergilius ipse *Virgil, himself*
  **ipsum** *itself*
    lutulārī ipsum *to be covered in mud itself*
**īre** *to go*
    volō īre *I want to go*
    īre nōn velle *to not want to go*
    ad pugnam īre *to go to the fight*
    nōlō īre *I don't want to go*
    domum īre *to go home*

videō Crixaflammam īre *I see Crixaflamma going*

**is** *he*
>is est domī *he's at home*
>is pugnat *he fights*
>is erat *he was*

**it** *goes*
>Rōmam it *goes to Rome*
>in urbem it *goes into the city*
>it in *goes into*
>it mēcum *goes with me*

**iter** *journey*
>iter longum *long journey*
>iter tūtum erit *journey will be safe*
>iter facere *to go on a journey*

**itineraque** *and journeys*
>itineraque canam *and I will sing of journeys*

**itineribus** *journeys*
>dē itineribus *about journeys*

**iterum** *again*

**īvērunt** *they went*
>in urbem īvērunt *went into the city*

**īvī** *I went*
>īvī ad *I went to*

**laeta** *happy*

**laetē** *happily, in a happy way*
>laetē scrībere *to write in a happy way*

**laetī** *happy (more than one)*
>omnēs laetī sunt *everyone is happy*

**laetus** *happy*
>laetus sum *I'm happy*
>laetus nōn est *isn't happy*

**lanistā** *gladiator trainer*
>cum lanistā *with the gladiator trainer*

**lanistae** *of the gladiator trainer*
>lanistae malī *of the bad gladiator trainer*

**Līvia** *Livia, Agrippina's neighbor and friend*
>Līvia adest *Livia is here*

**Līviae** *of Livia*
>cum frātre Līviae *with Livia's brother*

**longa** *long*
>syllaba longa *long syllable*

**longam** *long*
>syllabam longam *long syllable*

**longās** *long (more than one)*
>aliās syllabās longās *other long syllables*

**longissimum** *really long*
>carmen longissimum *really long poem*

**longum** *long*
    carmen longum *long poem*
    iter longum *long journey*
**lūdō** *gladiator school*
    in lūdō *in the gladiator school*
    aderant in lūdō *were there in the gladiator school*
  **lūdum** *gladiator school*
    ad lūdum eunt *are going to the gladiator school*
**lutulārī** *to be covered in mud*
    lutulārī amat *loves to be covered in mud*
    lutulārī vult *wants to be covered in mud*
    lutulārī ipsum *to be covered in mud itself*
**lutulentō** *muddy*
    dē Rūfō lutulentō *about muddy Rufus*
  **lutulentōs** *muddy (more than one)*
    omnēs lutulentōs *everyone muddy*
  **lutulentum** *muddy*
    lutulentum esse *to be muddy*
  **lutulentus** *muddy*
    lutulentus erat *was muddy*
**lutum** *mud*
    multum lutum est *there's much mud*
    lutum amat *loves mud*
    lutum eī placet *he likes mud*
**mala** *bad, pathetic*
    imāgō mala *bad idea*
  **malae** *bad (more than one)*
    pugnae malae *bad fights*
  **male** *badly, bad*
    male olet *smells bad*
  **malī** *bad*
    aliquid malī odōris *something of a bad odor*
    lanistae malī *of the bad gladiator trainer*
  **malōs** *bad (more than one)*
    versūs malōs *bad lines of poetry*
    gladiātōrēs malōs *bad gladiators*
  **malum** *bad*
    malum est *it's bad*
    aliquid malum *something bad*
  **malus** *pathetic*
    poētulus malus *a pathetic poet*
    ille malus est *that one is bad*
    lanista malus *bad gladiator trainer*
**Martiālis** *Martial, the Roman poet*
    versūs Martiālis *Martial's poetry*
**māter** *mother*
    māter Rōmāna *Roman mother*
    māter nōn vult *mother doesn't want*

māter pugnat?! *mother fights?!*
māter coquit *mother cooks*
**mātre** *mother*
dē mātre, Agrippīnā *about mother, Agrippina*
dē mātre pugnante *about mother, fighting*
dē mātre coquente *about mother, cooking*
coquitur ā mātre *being cooked by mother*
**mātrem** *mother*
putat mātrem pugnāre *thinks that mother fights*
audiō mātrem *I hear mother*
**mātremque** *and mother*
mātremque canam *and I will sing of mother*
**mātribus** *mothers*
cōram mātribus *in front of mothers*
**mea** *my (more than one)*
fragmenta mea *my fragments*
carmina mea *my poems*
**mea** *my*
cēna mea *my dinner*
**meī** *my (more than one)*
meī versūs *my lines of poetry*
**meōs** *my (more than one)*
versūs meōs *my lines of poetry*
**meum** *my*
fragmentum meum *my fragment*
**meus** *my*
frāter meus *my brother*
**mēcum** (cum + mē) *with me*
**mihi** *to/for me, me, I*
mihi placet *I like*
parāta est mihi *is prepared for me*
**multa** *many*
multa fragmenta *many fragments*
**multae** *many*
multae pugnae *many fights*
**multās** *many*
multās syllabās *many syllables*
imāginēs multās *many ideas*
**multī** *many*
multī versūs *many lines of poetry*
multī Rōmānī *many Romans*
multī poētae *many poets*
**multīs** *many*
ab Rōmānīs multīs *by many Romans*
**multōs** *many*
multōs versūs *many lines of poetry*
**multum** *much*
multum lutum *much mud*

**nam** *for (i.e. for the reason that, because)*
**nefās** *unspeakable*
    nefās est *it's unspeakable*
**neque** *and not, nor, neither...nor...*
    neque rīdet *nor does he laugh*
    neque nūgae, neque malī *neither nonsense nor bad*
**nesciō-cūius** *I-don't-know-whose (i.e. of Mr. no-name)*
    in lūdō nesciō-cūius *in Mr. no-name's gladiator school*
  **nesciō-quis** *I-don't-know-who (i.e. Mr. no-name)*
    nesciō-quis lanista *Mr. no-name gladiator trainer*
**nōlō** *(nōn + volō) I don't want*
    nōlō syllabam longam *I don't want a long syllable*
    nōlō scrībere *I don't want to write*
    nōlō esse *I don't want to be*
    nōlō īre *I don't want to go*
**nōn** *not, doesn't*
**nūgae** *nonsense*
    imāginēs sunt nūgae *ideas are nonsense*
    neque nūgae, neque malī *neither nonsense nor bad*
  **nūgās** *nonsense*
    putābat esse nūgās *thought they were nonsense*
**odor** *odor*
    odor horribilis *horrible odor*
  **odōrēs** *odors*
    odōrēs sunt *there are odors*
  **odōris** *odor*
    aliquid malī odōris *something of a bad odor*
**Oenobatiātī** *Oenobatiatus, Crixaflamma's gladiator trainer*
    gladiātōrēs Oenobatiātī *gladiators of Oenobatiatus*
  **Oenobatiātō** *Oenobatiatus*
    cum Oenobatiātō *with Oenobatiatus*
**olēbat** *smelled*
    male olēbat *smelled bad*
    rē vērā olēbat *in reality, he smelled*
  **olent** *(more than one) smell*
    bene olent *smell good*
  **olēre** *to smell*
    olēre nōn volēbat *didn't want to smell*
  **olet** *smells*
    male olet *smells bad*
    semper olet *always smells*
**omnēs** *all, everyone*
    vult omnēs esse *wants everyone to be*
    gladiātōrēs omnēs *all gladiators*
    omnēs quaerēbant *everyone was searching*
    omnēs imāginēs *all ideas*
  **omnibus** *all*
    dē omnibus rēbus *about all things*

omnibus diēbus Lūnae *on all Mondays*
**optima** *best*
  optima pugna *best fight*
  cēna optima *best dinner*
**optima** *best (more than one)*
  arma optima *best weapons*
**optimē** *excellently*
  optimē parat cēnam *excellently prepares dinner*
**optimī** *best (more than one)*
  esse optimī *to be the best*
**optimō** *best*
  cum lanistā optimō *with the best gladiator trainer*
**optimum** *best*
  secrētum optimum *best secret*
**optimus** *best*
  poēta optimus *the best poet*
  gladiātor optimus *the best gladiator*
**Palātiō** *Palatine, oldest of seven famous Roman hills*
  in Palātiō *on the Palatine*
**parābat** *was preparing*
  cēnam parābat *was preparing dinner*
**parat** *prepares*
  cēnam parat *prepares dinner*
**parāta** *prepared*
  parāta est mihi et Rūfō *is prepared for me and Rufus*
  māter parāta est *mother is prepared*
**parātī** *(more than one) prepared*
  parātī sumus *we're prepared*
**parātus** *prepared*
  parātus sum *I'm prepared*
**parō** *I prepare*
  cēnam parō *I prepare dinner*
**parva** *small, short (more than one)*
  carmina parva *short poems*
**parvum** *short*
  parvum carmen *short poem*
**parvus** *small*
  puer parvus *small boy*
**pater** *father*
  pater nōn est *father is not*
**patre** *father*
  dē patre, Tiberiō *about father, Tiberius*
**patrem** *father*
  quaerere patrem *to find father*
  ad patrem inveniendum *in order to find father*
  volimus patrem esse *we want father to be*
**patremque** *and father*
  patremque canam *and I will sing of father*

**pāvō** *peacock*
    pāvō est cēna *peacock is dinner*
    pāvō coquitur *the peacock is being cooked*
  **pāvōnem** *peacock*
    pāvōnem coquit *cooks a peacock*
  **pāvōnēs** *peacocks*
    pāvōnēs placent *like peacocks*
**perfectī** *perfect, complete*
    versūs perfectī *complete lines of poetry*
  **perfectum** *complete*
    volō versum perfectum *I want a complete line of poetry*
  **perfectus** *complete*
    versus perfectus *a complete line of poetry*
**Pīsō** *Piso, our little poet*
    sum Pīsō *I'm Piso*
**placēbant** *like (more than one thing)*
    mihi nōn placēbant *I didn't like*
  **placent** *like (more than one thing)*
    Rōmānīs placent *Romans like*
  **placet** *likes*
    eī placet *he likes*
    Rūfō placet *Rufus likes*
    mihi placet *I like, it's pleasing to me*
    vidēre placet *likes to see*
    placet pugnāre *likes to fight*
  **placuērunt** *have liked (more than one thing)*
    mihi placuērunt *I have liked*
**poēta** *poet*
    poēta optimus *the best poet*
    sīcut poēta bonus *like a good poet*
  **poētae** *poets*
    sīcut poētae *just like the poets*
    poētae scrībunt et canunt *poets write and recite*
  **poētam** *poet*
    amō poētam *I love the poet*
  **poētulus** *little poet*
    sum "Pīsō Ille Poētulus" *I'm "Piso The Little Poet"*
    esse poētulus *to be a little poet*
    poētulus, quī *little poet, who*
**puer** *boy*
    puer Rōmānus *Roman boy*
    esse puer *to be a boy*
    puer parvus *as a small boy*
**pugna** *a fight*
    pugna erit *there will be a fight*
    pugna optima erat *the fight was the best*
  **pugnā** *a fight*
    dē pugnā *about a fight*

**pugnae** *fights*
    sunt pugnae *there are fights*
**pugnam** *a fight*
    vidēre pugnam *to see a fight*
    ad pugnam īre *to go to the fight*
    pugnam audiēbam *I heard the fight*
**pugnās** *fights*
    vidēre pugnās *to see fights*
    pugnās canam *I will sing of fights*
**pugnābat** *was fighting*
    illa nōn pugnābat *she was not fighting*
**pugnābunt** *(more than one) will fight*
    gladiātōrēs pugnābunt *gladiators will fight*
**pugnante** *fighting*
    dē mātre pugnante *about mother fighting*
**pugnantēs** *fighting*
    gladiātōrēs pugnantēs *fighting gladiators*
**pugnāre** *to fight*
    putat mātrem pugnāre *thinks that mother fights*
    placet pugnāre *likes to fight*
**pugnat** *fights*
    nōn bene pugnat *doesn't fight well*
    rīdiculē pugnat *fights ridiculously*
    pugnat in *fights against*
    fortiter pugnat *fiercely fights*
    pugnat armīs *fights with weapons*
**putābam** *I thought*
    putābam imāginēs esse *I thought that ideas were*
**putābat** *thought*
    putābat mātrem pugnāre *thought that mother fights*
**putat** *thinks*
    putat mātrem pugnāre *thinks that mother fights*
**putō** *I think*
    putō versūs esse *I think that the lines of poetry are*
**quaerēbant** *(more than one) were searching for*
    omnēs quaerēbant *everyone was searching*
**quaerendum** *in order to look for*
    ad patrem quaerendum *in order to look for father*
**quaerentēs** *(more than one) searching*
    ībant arma quaerentēs *were going, searching for weapons*
**quaerere** *to find*
    vult quaerere *wants to find*
**quaerunt** *(more than one) are searching for*
    arma quaerunt *are searching for weapons*
**quī** *who, which*
    versus, quī *line of poetry, which*
    poētulus, quī *little poet, who*
    vir, quī *man, who*

**quia** *because*

**Quīntum** *Quintus, Rufus' friend*
>ad Quīntum inveniendum *in order to find Quintus*

**Quīntus** *Quintus*
>Quīntus amīcus est *Quintus is a friend*

**Quis?** *Who?*

**quoque** *also*

**rēbus** *matters, situations, things*
>dē omnibus rēbus *about all things*

**rem** *thing*
>audīvī rem incrēdibilem *I heard an incredible thing*

**rēs** *situation*
>rēs horribilis *horrible situation*

**rē vērā** *really, in reality*

**rīdeō** *I laugh*
>semper rīdeō *I always laugh*

**rīdēre** *to laugh*
>audiō Rōmānōs rīdēre *I hear Romans laughing*

**rīdet** *laughs*
>Pīsō rīdet *Piso laughs*
>neque rīdet *nor does he laugh*

**rīdiculē** *ridiculously*
>rīdiculē canit *sings ridiculously*
>rīdiculē pugnat *fights ridiculously*

**rīdiculum** *ridiculous*
>sit rīdiculum *it would be ridiculous!*
>est rīdiculum *it's ridiculous*
>erat rīdiculum *it was ridiculous*

**Rōmā** *Rome*
>sub Rōmā *under Rome*
>dē urbe, Rōmā *about the city, Rome*

**Rōmae** *in Rome*
>ubīque Rōmae *everywhere in Rome*
>hodiē Rōmae *today in Rome*

**Rōmam** *to Rome, Rome*
>Rōmam it *goes to Rome*
>super Rōmam *above Rome*

**Rōmāna** *Roman*
>māter Rōmāna *Roman mother*

**Rōmānī** *Romans*
>multī Rōmānī *many Romans*
>Rōmānī, quī *Romans, who*
>Rōmānī amant *Romans love*
>Rōmānī erant *Romans were*

**Rōmānīs** *Romans*
>dē Rōmānīs *about the Romans*
>cōram Rōmānīs *in front of Romans*
>ab Rōmānīs *by Romans*

dē Rōmānīs illīs *about those Romans*
Rōmānīs placent *Romans like*
**Rōmānōs** *Romans*
audiō Rōmānōs rīdēre *I hear Romans laughing*
**Rōmānus** *Roman*
puer Rōmānus *Roman boy*
**Rūfe** *Rufus, Piso's brother*
"Rūfe Fūfe," *"O, Rufus Fufus"*
**Rūfī** *Rufus*
amīcī Rūfī *friends of Rufus*
cēna Rūfī *Rufus' dinner*
imāgō Rūfī *Rufus' idea*
**Rūfō** *Rufus*
dē Rūfō *about Rufus*
dē frātre, Rūfō *about brother, Rufus*
Rūfō placet *Rufus likes*
ab Rūfō *by Rufus*
cēnam parat Rūfō *prepares dinner for Rufus*
parāta est Rūfō *is prepared for Rufus*
**Rūfum** *Rufus*
nōn vult Rūfum esse *doesn't want Rufus to be*
**Rūfumque** *and Rufus*
gladiātōrēs Rūfumque canam *I will sing of gladiators and Rufus*
**Rūfus** *Rufus*
Rūfus adest *Rūfus is here*
**scrībam** *I will write*
ergō, scrībam *therefore, I will write*
**scrībendōs** *in order to write*
ad versūs scrībendōs *in order to write poetry*
**scrībendum** *in order to write*
ad versum scrībendum *in order to write a line of poetry*
**scrībere** *to write*
volō scrībere *I want to write*
nōlō scrībere *I don't want to write*
scrībere dē *to write about*
**scrībit** *writes*
cotīdiē scrībit *writes every day*
**scrībō** *I write*
scrībō versūs *I write poetry*
scrībō cotīdiē *I write every day*
scrībō domī *I write at home*
scrībō ubīque *I write everywhere*
scrībō dē *I write about*
scrībō fragmenta *I write fragments*
scrībō carmina *I write poems*
**scrībunt** *(more than one) write*
poētae scrībunt et canunt *poets write and recite*

**scrīpsī** *I wrote*
    scrīpsī versum *I wrote the line of poetry*
**scrīpsit** *wrote*
    Vergilius ipse scrīpsit *Virgil, himself, wrote*
**scūtum** *shield*
    scūtum ātrum *black shield*
**secrētum** *secret*
    sit secrētum *It would be a secret*
    secrētum optimum *best secret*
    habeatne secrētum? *Could she have a secret?*
**sed** *but*
**semper** *always*
**Sextus** *Sextus, Livia's son and Rufus' friend*
**sīcut** *just like*
**sint** *(more than one) are, might be*
    Ubi sint? *Where could they be?*
 **sit** *might be, would be*
    cum lutulentus sit *whenever he's muddy*
    sit rīdiculum *it would be ridiculous!*
    sit incrēdibile *it would be incredible*
    sit secrētum optimum *it would be the best secret*
    sit bonum *it might be good*
**sordida** *dirty, messy*
    est sordida *is dirty*
 **sordidī** *dirty, messy (more than one)*
    sordidī erant *were dirty*
    gladiātōrēs sordidī *messy gladiators*
 **sordidissimō** *really messy*
    dē Rūfō sordidissimō *about really messy Rufus*
 **sordidissimus** *really messy*
    puer sordidissimus *really messy boy*
 **sordidus** *messy*
    puer sordidus *messy boy*
**sub** *under*
    sub Rōmā *under Rome*
**sum** *I am*
    sum Pīsō *I'm Piso*
    puer sum *I'm a boy*
    nōn sum *I'm not*
    laetus sum *I'm happy*
    tristis sum *I'm sad*
    cūriōsus sum *I'm curious*
 **sumus** *we are*
    domī sumus *we are at home*
    sumus in culīnā *we're in the kitchen*
    tristēs sumus *we are sad*
    parātī sumus *we're prepared*

**sunt** *are*
> nōn sunt optimī *are not the best*
> odōrēs sunt *there are odors*

**super** *above*
> super Rōmam *above Rome*

**syllaba** *syllable*
> est syllaba *is a syllable*

**syllabam** *syllable*
> volō syllabam longam *I want a long syllable*

**syllabās** *syllables*
> aliās syllabās longās *other long syllables*

**Syra** *Rufus' friend*

**Templō Panthēō** *Pantheon, domed temple with opening to the sky*
> in Templō Panthēō *in the Pantheon*

**thermās** *baths*
> ad thermās īre *to go to the baths*

**Tiberiō** *Tiberius, Piso's father*
> dē patre, Tiberiō *about father, Tiberius*

**tristē** *sadly, in a sad way*
> tristē scrībere *to write in a sad way*
> tristē canō *I'm singing in a sad way*

**tristēs** *sad (more than one)*
> aliī Rōmānī tristēs *other sad Romans*
> tristēs sumus *we're sad*

**tristior** *sadder*
> Rūfus est tristior *Rufus is sadder*

**tristis** *sad*
> tristis sum *I'm sad*

**tūtum** *safe*
> iter tūtum *safe journey*
> tūtum erit *will be safe*
> volimus patrem esse *we want father to be*

**tūtus** *safe*
> nōn Rōmae neque tūtus est *is not in Rome nor is he safe*

**Ubi?** *Where?*

**ubīque** *everywhere*

**urbe** *city*
> dē urbe, Rōmā *about the city, Rome*

**urbem** *city*
> in urbem īvērunt *went into the city*

**velle** *to want*
> īre nōn velle *to not want to go*
> vidēre nōn velle *to not want to see*

**Vergilium** *Virgil, the great poet who wrote The Aeneid*
> amō Vergilium *I love Virgil*

**Vergilius** *Virgil*
> sīcut Vergilius *just like Virgil*
> Vergilius ipse *Virgil, himself*

**versum** *line of poetry, poetry*
    volō versum *I want a line of poetry*
    ad versum scrībendum *in order to write a line of poetry*
    scrībere versum *to write a line of poetry*
    canere versum *to recite a line of poetry*
  **versus** *line of poetry, poetry*
    est versus *is a line of poetry*
    versus, quī *line of poetry, which*
    versus ille *that line of poetry*
    versus alius *other line of poetry*
  **versūs** *lines of poetry, poetry*
    scrībere versūs *to write poetry*
    ad versūs scrībendōs *in order to write poetry*
    versūs Martiālis et Catullī *Martial's and Catullus' poetry*
    putō versūs esse *I think that the lines of poetry are*
    versūs canam *I will recite poetry*
**victor** *victor, winner*
    est victor *is the victor*
**videndās** *in order to see*
    ad pugnās videndās *in order to see fights*
  **videō** *I see*
    videō Crixaflammam īre *I see Crixaflamma going*
  **vidēre** *to see*
    vidēre vult *wants to see*
    vidēre placet *likes to see*
    vidēre pugnam *to see a fight*
    vidēre amat *loves to see*
**vir** *man*
    vir, quī canit *a man, who sings*
    vir pugnat *the man fights*
  **virumque** *and a man*
    arma virumque canō *I sing of weapons and a man*
**vīs** *you want*
    vidēre vīs *you want to see*
  **vīsne?** *Do you want?*
    vīsne canere? *Do you want to sing?*
**volēbam** *I wanted*
    volēbam scrībere *I wanted to write*
    volēbam canere *I wanted to recite*
  **volēbant** *(more than one) wanted*
    omnēs volēbant *everyone wanted*
  **volēbat** *wanted*
    olēre nōn volēbat *didn't want to smell*
  **volimus** *we want*
    volimus patrem esse *we want father to be*
  **volō** *I want*
    volō versum *I want a line of poetry*
    volō syllabam longam *I want a long syllable*

volō scrībere *I want to write*
volō īre *I want to go*
volō quaerere *I want to search for*
**volunt** *(more than one) want*
īre volunt *want to go*
**vult** *wants*
lutulārī vult *wants to be covered in mud*
nōn vult esse *doesn't want to be*
vult omnēs esse *wants everyone to be*
vidēre vult *wants to see*
vult invenīre *wants to find*
cēnam vult *wants dinner*
vult quaerere *wants to search for*

# Other Novellas & Resources

## RŪFUS LUTULENTUS

A LATIN NOVELLA
BY LANCE PIANTAGGINI

**Rūfus lutulentus (20 words)**
*Was there a time when you or your younger siblings went through some kind of gross phase? Rufus is a Roman boy who likes to be muddy. He wants to be covered in mud everywhere in Rome, but quickly learns from Romans who bathe daily that it's not OK to do so in public. Can Rufus find a way to be muddy?*

# Pīsō perturbātus

*Quirky*

A Quirky LATIN NOVELLA
BY LANCE PIANTAGGINI

**Pīsō perturbātus (36 words)**
*Piso minds his Ps and Qs..(and Cs...and Ns and Os) in this alliterative tongue-twisting tale touching upon the Roman concepts of ōtium and negōtium. Before Piso becomes a little poet, early signs of an old curmudgeon can be seen.*

# RŪFUS ET ARMA ĀTRA

A LATIN NOVELLA
BY LANCE PIANTAGGINI

## Rūfus et arma ātra (40 words)

*Rufus is a Roman boy who excitedly awaits an upcoming fight featuring the best gladiator, Crixaflamma. After a victorious gladiatorial combat in the Flavian Amphitheater (i.e. Colosseum), Crixaflamma's weapons suddenly go missing! Can Rufus help find the missing weapons?*

RŪFUS ET
ARMA ĀTRA

A LATIN NOVELLA
BY LANCE PIANTAGGINI

**Teacher's Materials**
& Expanded Readings (ExR)

RŪFUS ET
ARMA ĀTRA

A LATIN NOVELLA
BY LANCE PIANTAGGINI

*Student FVR Reader*
(28 additional stories)

## Teacher's Materials & Student FVR Reader

*There is one section of Grammar Topics found in the entire novella (organized according to NLE syllabi). Each chapter includes a Vocabulary section with Phrases/Structures, 4 illustrated Expanded Readings (ExR), an Activities section including 10 Sentences for Dictātiō (standard, Running, or Egg) and 3 Word Clouds, as well as a Glossary in the back of this book with all added vocabulary that doesn't appear in Rūfus et arma ātra (organized by chapter, the super clear cognate list, and then all words).*

*The smaller Student FVR Readers (i.e. the size of the Pīsō Ille Poētulus novella) are compiled from the Teacher's Materials. They include the 4 illustrated Expanded Readings (ExR) per chapter, and the Glossary that supply each student with their own source of additional input to reinforce the vocabulary in Rūfus et arma ātra without the teacher copying and handing out loose pages to students for each reading. Alternatively, use them as Free Voluntary Reading (FVR) options with the 28 stories ready to go.*

**Audiobook** (*on iTunes and Amazon*)
*Use the Audiobook for practical classroom listening activities (e.g. dictations, listen & draw, listen & discuss, etc.), for exposure to a different Latin speaker (which also means a break for YOU), and of course, pure entertainment! In addition, Tracks 10 to 16 feature 20% faster speaking in order to build fluency, or to challenge older students you \*think\* are way beyond Rūfus.*

*This is not just audio. There are pauses and sound effects to aid comprehension, drum sounds during page turns, and intro/outro music for ambiance.*

# Drūsilla et
## convīvium magārum

A LATIN NOVELLA
BY LANCE PIANTAGGINI

**Drūsilla et convīvium magārum (58 words)**
*Drusilla lives next to Piso. Like many Romans, she likes to eat, especially peacocks! As the Roman army returns, she awaits a big dinner party celebrating the return of her father, Julius. One day, however, she sees a suspicious figure give something to her brother. Who was it? Is her brother in danger? Is she in danger?*

# AGRIPPĪNA
## MĀTER FORTIS

A LATIN NOVELLA
BY LANCE PIANTAGGINI

## Agrippīna: māter fortis (65 words)
*Agrippīna is the mother of Rūfus and Pīsō. She wears dresses and prepares dinner like other Roman mothers, but she has a secret—she is strong, likes wearing armor, and can fight just like her husband! Can she keep this secret from her family and friends?*

# PĪSŌ ILLE POĒTULUS

## A LATIN NOVELLA
## BY LANCE PIANTAGGINI

### Pīsō Ille Poētulus (108 words)
*Piso is a Roman boy who wants to be a great poet like Virgil. His family, however, wants him to be a soldier like his father. Can Piso convince his family that poetry is a worthwhile profession? Features 22 original, new lines of dactylic hexameter.*

# *Other Pīsō Resources*

**Teacher's Guide & Student Workbook**
*238 pages of support! In addition to invaluable information about Latin poetry, this Teacher's Guide has 13 ready-to-go options for interacting with each chapter of Pīsō! The workbook allows each student to have their own 92-page resource for interacting with the text.*

**Poetry Audio Album** (*on iTunes and Amazon*)
*Each track on the audio album includes...*
*- Piso singing his line of poetry*
*- an English translation to [re]establish meaning*
*- the line of poetry repeated to check comprehension*
*- a slow version of just the rhythm*
*- the normal speed of just the rhythm*
*- the line of poetry repeated one last time*

Made in the USA
San Bernardino, CA
03 April 2018